ÉLOGE HISTORIQUE

DE VICQ-D'AZIR.

AU CITOYEN CUVIER,

Membre de l'Institut national de France, professeur d'anatomie comparée au muséum d'histoire naturelle, et célèbre par des découvertes qui ont à-la-fois éclairé la géologie, et avancé l'histoire naturelle et l'anatomie des animaux :

Comme un témoignage de l'estime et de la reconnoissance d'un de ses élèves.

La Société libre de Médecine vient d'arrêter que l'Éloge de Vicq-d'Azir *seroit prononcé dans sa séance publique du* 15 *brumaire, an* VI. *Le citoyen* Lafisse, *qu'elle a chargé de cet honorable emploi, répondra sans doute à sa confiance : et celui qui fit verser des larmes sur la tombe de Coquereau, ne peut manquer de répandre sur celle de Vicq-d'Azir, les fleurs de cette éloquence philosophique qui convient au genre de l'éloge : ce n'est donc point pour entrer en concurrence avec le citoyen* Lafisse, *que je publie l'éloge de* Vicq-d'Azir. *Je ne veux que faire connoître l'admiration que m'ont inspiré les travaux de ce célèbre médecin. Puisse le regret de sa perte suppléer au talent, et rendre ce tribut d'estime digne de lui être offert !*

ÉLOGE

DE FÉLIX VICQ-D'AZIR.

L'ÉLOGE prononcé par un homme ignoré, n'ajoute rien à la gloire de l'homme célèbre, dont les travaux utiles méritent à-la-fois les regrets des contemporains et la reconnoissance de la postérité; mais si les louanges sont inutiles pour celui qui les reçoit, elles deviennent un besoin pour celui qui les donne. L'admiration n'est pas toujours un sentiment silencieux; et celui qui l'éprouve ne mesurant pas l'intervalle qui le sépare de l'objet de son culte, offre souvent aux mânes de l'homme illustre, un hommage stérile. Persuadé que la force du sentiment en légitime alors l'expression, et inspiré par l'enthousiasme de mon estime pour Vicq-d'Azir, j'ose prononcer un éloge, qui seroit digne de lui, si pour louer convenablement un grand homme, il ne falloit que sentir toute l'étendue de sa perte (1).

(1) Dans la Décade philosophique, n°. 24, le citoyen Lalande a donné sur Vicq-d'Azir une notice historique de laquelle j'ai profité pour cet éloge, qui a principalement pour objet d'offrir l'analyse des ouvrages de ce médecin

Félix Vicq-d'Azir , docteur-régent de la faculté de médecine de Paris , membre de l'académie des sciences , de l'académie française, commissaire-général des épizooties , secrétaire perpétuel de la société de médecine , etc., naquit à Valogne en 1748. Il eut pour père Vicq-d'Azir , médecin doublement recommandable par ses talens et ses vertus, et pour mère, Catherine Lechevalier. Je ne m'arrêterai pas sur les premières années de Vicq-d'Azir : l'éducation de nos instituteurs nous modifiant d'une manière moins puissante que celle des circonstances ; ce n'est que loin du berceau, qu'il est possible d'appercevoir le but que nous devons atteindre ; et malgré les exemples dé quelques hommes célèbres , l'éducation de l'enfance n'est pas ordinairement celle du génie. Vicq-d'Azir le prouve d'une manière bien sensible ; il étoit sur le point de terminer ses premières études, et touchoit à sa dix-septième année ; lorsque voulant choisir un état à cette époque de la vie, où la maturité de l'âge et l'expérience ne pouvoient

---

célèbre. En avouant ce que je dois au travail de ce Savant distingué , j'offre en même tems l'hommage de ma reconnoissance à M. Suë, professeur bibliothécaire de l'école de médecine de Paris , pour les conseils qu'il a bien voulu me donner avec cette indulgence et ce désintéressement qui sont les caractères les plus certains du talent et de la supériorité.

l'éclairer, il pensa se décider pour l'état ecclésiastique, et eût ainsi perdu en se livrant à l'étude des rêveries et des absurdités théologiques, un tems et des moyens qu'il devoit employer d'une manière si utile à l'étude de la nature. La tendresse filiale put seule changer son premier dessein : et ce fut pour ne pas résister aux volontés du père le plus tendrement chéri, qu'il consentit à embrasser la médecine.

Après avoir pris cette heureuse résolution, il se rendit à Paris en 1765 ; il n'y fut pas long-tems sans s'appercevoir combien le séjour [de cette immense cité est favorable aux savans et aux artistes. Non-seulement les talens dans tous les genres y sont facilement cultivés, s'y élaborent et s'y perfectionnent ; mais en même-tems, tout concourt à donner l'éveil au génie et en détetmine les élans et la direction. Vicq-d'Azir l'éprouva bientôt : introduit dans tous les sanctuaires de la nature et des arts, il sentit au nombre et à l'énergie de ses émotions qu'il alloit entreprendre avec enthousiasme ce qu'il croyoit d'abord n'exécuter que par déférence pour sa famille. La médecine s'offrit à lui, comme la science qui présente la nature sous l'aspect le plus utile ; et saisissant les rapports nombreux de cette science avec les diverses connoissances qui l'éclairent, il se livra à toutes avec un zèle et des succès dont l'ame la plus active et l'esprit le plus pénétrant peuvent seuls rendre capables. On pourra juger de l'étendue ei du nombre de ses travaux, en se rappellant l'état des sciences physiques et médicales à cette époque. Alors un changement remarquable dans les progrès et les efforts de l'esprit humain, commençoit à se manifester depuis quelques années : les belles-lettres, ces arts d'imitation auxquels l'homme civilisé doit la douceur de ses mœurs et de nombreuses jouissances ; les beaux-arts si florissans pendant le dix-septième siècle, suivoient évidemment une marche rétrograde ; et selon l'expression de Laharpe (1), leur flambeau commençoit à pâlir ; mais par une révolution, qu'il étoit peut-être possible de prévoir en admirant les chefs-d'œuvres du siècle de Corneille et de Racine, les sciences exactes se cultivoient avec plus de succès. Ces routes nouvelles, tracées par l'immortel *Bacon*, étoient enfin parcourues ; Locke et Condillac avoient analysé la pensée, Newton la lumière ; le génie de Francklin interrogeoit la foudre ; Linnée classoit toutes les productions du globe, et faisoit connoître la nature aux savans ; Buffon en révéloit les secrets aux hommes moins instruits ; et transformant sa plume en pinceaux,

____

(1) Eloge de Voltaire, édition de Beaumarchais, tom. 69, *n*-8°.

étoit tout-à-la-fois naturaliste et peintre. Lorsque les sciences physiques et naturelles se perfectionnoient d'une manière si éclatante, les diverses branches de la physiologie avoient fait les mêmes progrès. L'anatomie de l'homme ne laissoit presque plus rien à desirer pour sa partie descriptive ; celle des animaux , malgré les travaux de Collins , Perrault (1) et Daubenton (2) , étoit moins avancée ; cependant des faits nombreux avoient été rassemblés ; et le champ des travaux anatomiques s'étoit aggrandi. *Grew* , *Malpighi* recherchèrent et connurent des traces d'organisation dans les plantes ; Swammerdam, Reaumur, Lyonnet et Duverney soumirent à l'analyse du scalpel des animaux et des organes que leur exiguité et leur délicatesse paroissoient soustraire à tous les moyens d'observation ; enfin ce Haller que l'Allemagne compte parmi ses grands poëtes , et l'Europe parmi les savans les plus distingués ; Haller avoit non-seulement contribué à avancer la physiologie et l'anatomie par ses nombreuses découvertes , mais concouroit à leurs progrès ultérieurs, en réunissant l'étude de ces deux sciences.

Ce tableau de l'état des sciences physiques et naturelles vers le milieu du dix-huitième siècle,

---

(1) Mémoires pour servir à l'histoire des animaux.

(2) Partie anatomique de l'histoire naturelle de Buffon.

est à peine exquissé; Vicq-d'Azir le vit se dérouler sous ses yeux avec détail, en observa toutes les parties, et sut considérer, sans en être effrayé, l'espace immense qu'il avoit à parcourir. Son ardeur, son activité s'augmentèrent avec ses objets d'étude. Successivement dans les hôpitaux, dans les laboratoires de chimie et d'anatomie, aux herborisations, aux leçons des grands maîtres, et dans les cabinets de physique et d'histoire naturelle, il sembloit vouloir interroger à-la-fois tout ce qui pouvoit l'instruire, et jettoit sur l'ensemble des sciences ce coup-d'œil du génie, qui veut, qui peut tout embrasser.

Mais pourquoi, dit froidement l'homme borné dans ses travaux, pourquoi diriger en même-tems son attention sur tant d'objets divers? Voltaire, Diderot et Haller, répondent à cette puérile objection. « Est-on maître, dit Vicq-d'Azir lui-
» même, de fixer sur un seul point l'activité d'un
» esprit qui s'applique à tout? et qui sait, s'il ne
» faut pas que plusieurs efforts concourent en
» même-tems à l'aggrandir » (1)?

Vicq-d'Azir en effet ne vit point ralentir sa marche par le nombre et la diversité de ses occupations. Ses premières années de séjour à Paris furent marquées par ses succès comme par ses

______

(1) Eloge de Lamure. **VI**. cah. d'éloges, pag. 151.

travaux. En 1772, il entra en licence et débuta d'une manière qui surprit malgré la réputation qu'il s'étoit déjà faite avant cette époque. Il continua de cultiver les sciences et les arts dont il ne séparoit point l'étude; mais l'anatomie physiologique étoit sa science de choix et de prédilection, la science qui, objet de ses veilles, lui inspiroit cet intérêt plus vif qui captive et fait d'un genre de connoissance celui auquel se rapportent tous les autres: bientôt ne pouvant plus résister au desir de répandre les connoissances nombreuses qu'il avoit acquises, il ouvrit aux écoles de médecine un cours d'anatomie (1) humaine et comparée: ses succès ne trompèrent point ses espérances: un langage pur et souvent éloquent, le contraste de la jeunesse et du savoir, une physionomie qui annonçoit ses talens et leur emploi; enfin, tous les avantages qui peuvent conquérir l'estime publique, se trouvoient réunis dans Vicq-d'Azir. Son ame commençoit à peine à goûter le plaisir d'une gloire justement méritée, lorsque l'envie allarmée parvint à faire interrompre ses leçons. Vicq-d'Azir ne fut point découragé par ce revers, il vit qu'il le rapprochoit déjà de tous les hommes célèbres; mais en considérant combien sont pénibles et escarpées les routes

____

(1) En 1773.

qui conduisent à la célébrité , il se sentit le courage de les parcourir : et ce fut par de nouveaux succès qu'il voulut se faire pardonner les premiers. Les circonstances le favorisèrent ; et à cette époque M. Petit, dont il étoit l'élève et l'ami , le choisit pour le suppléer et le remplacer dans le cours d'anatomie du jardin des Plantes. Une nouvelle disgrace accompagna ce nouveau succès , et le choix du célèbre Petit ne fut pas confirmé par la cour. Vicq-d'Azir , forcé de quitter un théâtre où ses talens le rendoient si digne de figurer, ouvrit des cours particuliers, et fut ensuite chargé de l'enseignement de l'anatomie aux écoles de médecine.

Ce fut alors que, rassemblant toutes les connoissances qu'il avoit acquises sur l'économie animale , il fit ce cours de physiologie dont le plan a été conservé dans le dictionnaire de l'Encyclopédie. Ce simple cadre étonne et transporte d'admiration pour le savant illustre qui osa le tracer. En vain Haller avoit joint l'étude de l'anatomie à celle de la physiologie ; cette heureuse innovation n'avoit pas été imitée en France ; Vicq-d'Azir l'adopta et la perfectionna dans ses leçons : alors les fonctions furent classées, et chacune d'elles réunie à la description des organes qui les exécutent ; en même-tems l'homme cessa d'être offert au jeune médecin d'une manière solitaire ; son histoire fut éclairée par celle des animaux : et toutes les espèces

pèces distribuées et grouppées d'après des caractères anatomiques, formèrent un tableau où pa-
rurent toutes les nuances de la vie, depuis le premier
modéle qui les réunit toutes, jusqu'à la plante qui
n'en présente plus que quelques-unes.

Ce plan est immense; mais malgré son étendue,
l'homme n'en est pas moins considéré avec détail:
après en avoir décrit le squelette; après l'avoir
animé en exposant tous les moyens et tous les
phénomènes de la vie (1); après avoir parlé de la
partie positive et anatomique de la génération, et
rappelé les efforts inutilement employés pour sou-
lever le voile qui nous dérobe encore la partie physiologique de cette fonction; Vicq-d'Azir nous
peint les saisons de la vie, s'arrête sur ses derniers
traits à l'époque de la décrépitude; enfin, après
la mort il poursuit les débris de l'homme jusques
dans la tombe, et fait connoître tous les phénomènes de cette destruction, dont la nature forme
une source abondante et féconde où de nouveaux
êtres doivent puiser la vie.

Vicq-d'Azir ne se borna pas aux succès que lui
procurèrent ses savantes leçons: en 1775 il entra
dans une nouvelle carrière. La plus désolante épizootie dévastoit le midi de la France; Turgot

______

(1) L'irritabilité, la sensibilité, la circulation, la respiration, la digestion, les secrétions et la nutrition.

voulant réunir toutes les ressources que pouvoient offrir dans cette circonstance les sciences physiques et médicales, demanda à l'académie des sciences un médecin, un physicien et un chimiste, pour les envoyer promptement mettre des bornes au progrès de la contagion. Vicq-d'Azir fut chargé seul de remplir les intentions bienfaisantes du ministre. Il part, il arrive dans un pays où le mal étoit presqu'au dernier degré; s'instruit des causes de l'épizootie et en connoît la nature; des moyens de conduite pour combattre ou prévenir la maladie sont prescrits et circulent dans tous les villages; les communications entre les troupeaux à peine soupçonnés de la peste sont interrompues, des hospices vétérinaires construits, les étables mieux espacées, etc. etc.; et bientôt Vicq-d'Azir revient à Paris, riche d'observations, et heureux du bonheur qu'il a vu renaître dans un pays où il n'avoit trouvé que l'image de la douleur et du désespoir.

Alors il touchoit à sa vingt-sixième année, et déjà il étoit professeur, écrivain célèbre, et membre de l'académie des sciences et de la faculté de médecine de Paris. A des titres si justement mérités il joignit, quelque tems après son retour, celui de secrétaire perpétuel et général de la société royale de médecine, à la formation et à la célébrité de laquelle il concourut à-la-fois par son crédit, son zèle et ses talens. Dans les mémoires de la nouvelle société, dont le premier volume parut en 1776, la médecine fut enfin traitée avec cette étendue qui convient à la science, dont l'objet est de considérer l'homme sous presque tous les aspects. Vicq-d'Azir dirigea et enrichit cette nouvelle collection : il s'y fit sur-tout remarquer par ses immortels éloges ; mais depuis cette époque, et pendant les premières années qui la précédèrent, ses travaux se sont tellement multipliés, que pour en offrir le tableau on se trouve forcé à les classer. Je présenterai donc Vicq-d'Azir sous trois rapports : comme anatomiste, comme médecin et comme historien des sciences et des arts, dans les fastes desquels il doit lui-même occuper une place si distinguée.

Comme Anatomiste.

Sous ce rapport, les travaux de Vicq-d'Azir sont immenses. Dans l'anatomie humaine, dans celle des animaux, ce médecin célèbre a commencé par remplir de vastes lacunes ; puis, rassemblant ses découvertes et les connoissances répandues dans de nombreux ouvrages, il a cherché à réunir ces matériaux épars, et jetté les fondemens d'un édifice que la mort seule a pu l'empêcher de terminer.

A peine engagé dans la carrière anatomique, il s'apperçut que l'anatomie des animaux, si féconde en résultats physiologiques et d'abord cultivée avec tant de soin, étoit trop négligée par les modernes; il se livra à l'étude de cette science avec un zèle et une activité infatigables.

Des physiciens célèbres avoient exercé leur scalpel sur quelques poissons (a); mais leurs travaux sans ordre, leurs descriptions sans nomenclature comparative, n'avoient donné sur l'économie de ces animaux que des connoissances très-bornées. Vicq-d'Azir traita le même sujet en grand (1); et persuadé que des différences extérieures très-marquées en supposent de profondes que l'anatomiste doit découvrir, il a successivement observé dans les poissons cartilagineux, dans les poissons anguiliformes et dans les épineux, les os, les muscles, la sensibilité, les organes digestifs et ceux de la reproduction. La mollesse des os (b), les parties qui remplacent les cartilages d'encroutement (c), la structure de la tête (d), la position du bassin (e), l'organe de l'ouie placé dans l'intérieur du crâne et réduit à ses plus simples élémens (f), quelques particularités du cerveau et de l'appareil olfactif que n'avoient observées ni *Willis* ni *Collins* (g): tels sont les principaux traits anatomiques que Vicq-d'Azir observe dans les poissons cartilagineux.

Il cherche ensuite à déterminer la place qu'ils

---

(1) Savans étrangers, tome VII.

occupent parmi les animaux, et nous fait connoître que leur organisation les rapproche des animaux à sang rouge et chaud par des analogies qui
s'affoiblissent graduellement dans les poissons épineux ou anguiliformes (*h*).

Chez ces derniers, les recherches et l'examen se
continuent dans le même ordre (*i*).

Vicq-d'Azir avoit à peine terminé son travail sur
les poissons, qu'il fit paroître de nouveaux mémoires sur la partie descriptive et physiologique
des os et des muscles des oiseaux (*l*); ce travail
est entiérement neuf. L'examen du squelette et des
puissances musculaires (*m*), des rapprochemens
entre ces mêmes organes et les organes analogues
dans l'homme, l'observation des particularités relatives au vol (*n*), et la théorie de cette évolution:
tels en sont les principaux objets. Ils intéressent à-la-
fois le naturaliste et le philosophe, en donnant des
exemples multipliés de ces modifications physiques
qui déterminent d'une manière rigoureuse et nécessaire les mœurs, les habitudes, et tout ce que
nous croyons découvrir de moral dans l'histoire
des animaux.

En 1774, Vicq-d'Azir s'exerça sur un nouveau
sujet. *Aristote* avoit indiqué le parallèle des extrémités supérieures et inférieures dans l'homme; il
avoit observé que les premières, bien différentes
des membres antérieurs des quadrupèdes, sont con-

formées pour saisir, embrasser, ou repousser et exécuter des mouvemens variés et nombreux. Il avoit vu en même-tems que les extrémités inférieures sont légérement altérées dans leur forme, parce qu'elles ne doivent servir qu'à soutenir ou transporter le corps (*o*). Vicq-d'Azir a suivi ce rapprochement avec plus de détail; et les résultats de ses recherches sont aussi curieux qu'étonnans par leur nouveauté. Les principales conséquences que le philosophe en déduit, sont : que les différences entre les extrémités supérieures et inférieures se réduisent plus particuliérement à une position opposée et à un raccourcissement ou un prolongement de parties semblables. Ces changemens légers sont autant de dispositions nécessaires pour l'appréhension et pour la locomotion ; le plan est essentiellement le même ; et la nature, suivant sa marche ordinaire, n'est pas moins admirable par la constance dans le type, que par la variété des modifications qu'elle lui fait subir (*p*).

Cette manière nouvelle de considérer l'anatomie, ces rapprochemens philosophiques qu'on trouvera peut-être un peu forcés, prouvent au moins que Vicq-d'Azir auroit pu, comme les plus célèbres physiologistes, interpréter ingénieusement la nature, s'il n'avoit mieux aimé l'observer, l'interroger et se borner à recueillir ses réponses. Il ne tarda pas à donner de nouvelles preuves de cette manière d'étudier l'économie vivante. Les travaux immortels de Senac, de Walter et de Haller (1); les travaux non moins célèbres de Camper (2), Mecquel (3) et Sabatier (4), venoient d'enrichir l'anatomie par de nombreuses découvertes: et des détails minutieux en apparence avoient donné la solution de plusieurs problêmes physiologiques. Vicq-d'Azir se livra à des recherches analogues. Les nerfs de la deuxième et troisième paires cavicales n'avoient pas été exactement décrits; il en fit le sujet d'un mémoire (5) dans lequel sont fidélement exposés la naissance de ces nerfs, la direction, la position et les rapports de leurs troncs et des branches principales, le trajet des filets les plus déliés et les communications nombreuses dont la connoissance peut seule donner une explication satisfaisante de plusieurs affections symphatiques (q). Le mémoire, dont j'ai à peine offert le sommaire, a évidemment rempli une lacune considérable dans la science, dont l'anatomie humaine est le principal objet.

Vicq-d'Azir enrichit de nouveau le recueil de l'académie des sciences par plusieurs ouvrages.

(1) Sur le nerf intercostal et le plexus du cœur.
(2) Sur les derniers nerfs cervicaux.
(3) Sur la cinquième et septième paires cérébrales.
(4) Sur la dixième paire cérébrale ou première cervicale.
(5) Histoire de l'académie, ann. 1776.

B 4

L'organe de l'ouïe dans les oiseaux, celui de la voix dans plusieurs classes d'animaux, lui fournirent le sujet de deux mémoires remplis de découvertes anatomiques et de vues philosophiques qui en augmentent l'intérêt (1). Dans le premier, Vicq-d'Azir fait voir que l'oiseau, déjà le premier des animaux sous le rapport de la vue, se rapproche du premier modèle sous celui de l'ouïe ; et que quelques parties dont manque son appareil auditif, se trouvent suppléées par des dispositions particulières qui n'ont pas moins d'effet que celles dont il est privé. L'oiseau n'offre donc pas, comme on pourroit le croire d'après une observation superficielle, le contraste d'un organe de l'ouïe imparfait avec l'instrument vocal le plus accompli.

Dans le mémoire sur les organes de la voix, de nombreuses découvertes sont également présentées. La respiration n'est pas seulement un des premiers moyens de la vie ; elle sert encore à établir une correspondance intime entre les animaux. L'air expiré se convertit en sons indéfiniment variés, devient ainsi l'élément des voix diverses, et rapproche la plupart des êtres animés par un langage sans lequel la nature silencieuse sembleroit plongée dans un sommeil éternel. Mais, quel mécanisme est employé pour produire les sons ? et à quelle particularité de leur instrument vocal les différentes espèces d'animaux doivent-elles ces voix qui les distinguent ? C'est sur-tout à cette dernière question que répondent les découvertes de Vicq-d'Azir : elles nous révèlent la cause des cris effrayans de l'*alouate* (*s*), des cris sourds et étouffés de plusieurs singes, des voix particulieres à divers quadrupedes (*t*); elles instruisent également sur l'appareil compliqué qui produit les voix bruyantes des cygnes, des herons (*u*); et les dispositions qui expliquent et les sons mélodieux des oiseaux chanteurs (*v*), et la voix éteinte des quadrupedes ovipares (*x*).

Vicq-d'Azir continua encore de donner à l'académie des sciences des preuves de son zele pour l'anatomie comparée; mais il s'occupa plus particulièrement de l'anatomie humaine. Dans les nouvelles recherches qu'il fit pour en reculer les limites, il ne se distingua pas moins par le choix du sujet que par la manière de le traiter. Ainsi, après avoir long-temps médité sur l'importance du cerveau, après avoir senti combien la connoissance approfondie de ce viscere pourroit concourir aux progrès de la science de l'homme, il fit paroître ses mémoires sur le cerveau (*y*).

En effet, quel point de l'économie animale plus digne de fixer l'attention de l'anatomiste philosophe, que l'organisation d'un appareil si justement regardé comme l'organe de l'intelligence et de la pensée ? Et si des dérangemens dans l'œil empêchent ou altèrent la vision, pourquoi ne découvriroit-on pas dans le cerveau des dispositions capables d'influencer sensiblement les fonctions intellectuelles ? Vicq-d'Azir, après s'être long-tems occupé de ces considérations philosophiques, se livra tout entier aux recherches qui pouvoient lui dévoiler l'organisation cérébrale : et si les résultats de ses travaux ne nous ont pas suffisamment éclairés sur cet objet, ils ont au moins ajouté aux découvertes de plusieurs anatomistes célèbres (1). On peut encore ajouter que les mémoires de Vicq-d'Azir sur le cerveau, sont des modèles pour tous les ouvrages de ce genre. Les recherches et les observations qu'ils ont exigées, et les détails immenses qu'ils contiennent, prouvent qu'on peut réunir à l'imagination la plus active et au génie qui embrasse instantanément tous les rapports, cette attention scrupuleuse et cette patience si nécessaire pour l'étude de la nature qui, comme Protée, ne répond qu'à celui qui sait long-tems l'interroger.

Vicq-d'Azir a concouru par de nouveaux mémoires à reculer les limites de l'anatomie humaine et comparée (2) : mais sans interrompre ses re-

---

(1) En 1779 il donna plusieurs observations sur des parties très-négligées de l'anatomie des singes ; il compara les muscles de la face et ceux de la main de ces animaux aux muscles analogues de l'homme, et fit connoître par ce rap-

cherches, il méditoit sur la co-ordination de tous les faits anatomiques, et s'occupoit depuis long-tems d'un traité complet d'anatomie et de physiologie. La première partie de cet ouvrage, la seule qui ait paru (en 1786), nous offre sur-tout dans deux discours préliminaires, et les sommaires de toutes les connoissances acquises sur l'économie animale, et ces inductions heureuses, ces beaux rapports dans le genre dont Aristote a donné le premier modèle.

Les circonstances de dégoût qui accompagnent l'étude de l'anatomie, les difficultés de cette étude et son importance, sont des sujets qui sembloient épuisés. Avec quel intérêt nouveau Vicq-d'Azir

prochement l'une des principales causes de la supériorité de l'espèce humaine.

En 1780, Vicq-d'Azir fit paroître un autre mémoire sur la position des testicules.

En 1785, un autre mémoire sur les clavicules et les os claviculaires dans les différentes espèces d'animaux.

En 1777, il avoit encore consigné dans les mémoires de la Société de Médecine le résultat de plusieurs expériences sur les animaux vivans.

Le dernier mémoire que Vicq d'Azir ait lu à l'académie des Sciences, avoit pour objet l'anatomie de l'œuf et la connoissance détaillée des phénomènes de l'incubation.

En 1793, il donna plusieurs observations sur les organes de la génération des canards ; ces observations ont été consignées dans le bulletin de la Société philomatique.

vient nous les présenter ! l'homme le plus étranger à l'étude des sciences sévères ne lira jamais sans admiration ces pages immortelles où l'anatomiste français oppose et compare les différens objets d'étude du zootomiste; le cadavre, ce corps froid, muet et sans réaction, et l'animal horriblement tourmenté, pour obtenir des vérités aussi cruelles à arracher que difficiles à reconnoître (1).

---

(1) « Ce cadavre corps froid et inanimé n'offre plus » que des fibres sans ressort, des vaisseaux vuides et » relâchés ; tout en lui est muet, insensible ; la pulpe » nerveuse ou la lumière même qui excitoit des vibrations ne » réagit plus, et le muscle ne se contracte plus sous l'ins- » trument qui le touche. Quelle énigme ne sont point » pour l'anatomiste qui les isole et les dissèque tous ces » débris au milieu desquels se cherchent en vain quel- » ques traces de la vie !

» Si l'anatomiste se détermine à interroger l'animal » vivant ; combien cette scène est plus repoussante en- » core, et combien les vérités qu'il découvre sont cruelles » à arracher et difficiles à reconnoître ! Ce n'est plus » cette immobilité, ce silence qui caractérisent un entier » abandon de la vie. C'est un état tout opposé dans lequel » la souffrance et la crainte ne laissent pas un moment » de repos. Pour un animal retenu par des liens, le plus » léger mouvement et le signal de la douleur redoublent » ses craintes, tout son corps se contracte, chacune de » ses parties se soulève contre l'ennemi qui le menace ou » qui le tourmente. Parmi des flots de sang, au milieu des » convulsions et des angoisses, comment ne pas se tromper

Les autres obstacles qui s'opposent aux progrès de la physiologie sont également présentés. Vicq-d'Azir s'occupe en outre des caractères propres aux êtres organisés. Les fonctions, ces moyens et ces symptômes de la vie sont partagés en profondes et en extérieures.

Les premières nous offrent la nutrition, toutes ses périodes diverses, et la reproduction; elles constituent plus particuliérement la vie, et sont communes à l'animal et à la plante.

Les fonctions extérieures appartiennent exclusivement à l'animal ; l'animal seul se répand au-dehors, est sensible, se meut et étend plus ou moins la sphère de son existence. Dans le tableau des moyens auxquels il doit cette vie plus étendue, il faut développer toutes les merveilles de la sensibilité , et les ressorts de la locomotion, et tous les moyens de ces évolutions diverses de l'animal , qui se joue au milieu des eaux , de celui qui traverse les airs , du quadrupède plus ou moins fixé et retenu sur le sol, et de l'insecte rampant, immobile, ou aîlé, suivant les différentes époques de sa vie.

Après ces considérations générales Vicq-d'Azir

______

» sur le siége du sentiment ? et qui pourroit se flatter » dans un bouleversement si général , de retrouver des » traces du mouvement naturel ? »

jette un coup-d'œil rapide et pénétrant sur le tableau des productions de la nature, en saisit l'ensemble et les nuances : et plaçant l'homme au sommet de l'échelle des êtres organisés, il invite à son étude non-seulement le médecin et le naturaliste, mais encore le philosophe et tous les hommes qui font des sciences, l'ojet de leur culte et de leurs veilles (1).

Le deuxième discours plus savant et moins à la portée du simple littérateur que le premier, est

____

(1) « N'est-il pas tems que les hommes qui desirént
» s'instruire, après avoir interrogé tout ce qui les entoure,
» reviennent à eux-mêmes et donnent quelques instans
» à leur propre structure ? Les loix du mouvement, les
» élémens des corps leur fournissent sans doute des consi-
» dérations importantes ; mais s'ils ne savent pas quels
» sont les rapports de ces substances avec la leur, ne per-
» dent-ils pas le fruit le plus précieux de leurs recher-
» ches ?

» Qu'est-ce qu'une théorie de sensations si elle n'est
» appuyée sur la description des sens eux-mêmes ? L'exa-
» men des nerfs, de leur origine et de leur connexion
» n'explique-t-il pas quelques-uns de ces phénomènes sur
» lesquels il est si commun et quelquefois si dangereux de
» raisonner mal ? Et pourquoi la circulation du sang et de
» la lymphe qui sont la source et l'élément de la vie, ne
» seroit-elle pas aussi bien l'objet de nos réflexions que la
» route et la direction des fleuves qui coulent sous un
» autre ciel, ou celles des astres qui se meuvent si loin
» de nos têtes, etc. ? » Prem. disc.

plus particuliérement relatif à l'anatomie comparée.

Aristote tout-à-la-fois naturaliste, anatomiste et
métaphysicien, observa non-seulement les formes
extérieures des animaux ; il interrogea encore leurs
organes les plus profondément situés ; mais moins
pour recueillir des observations individuelles, que
pour connoître les propriétés générales, appercevoir tous les rapports, et saisir la chaîne souvent
déliée qui unit les effets à leurs causes. Buffon
avoit souvent imité cette manière du plus ancien
comme du plus grand des naturalistes. Il avoit
indiqué la prééminence de certains sens dans plusieurs espèces, et le caractère moral qu'elle détermine (1). Vicq-d'Azir en présentant tous les
résultats de ses savantes dissections et de ses longues
études sur l'anatomie, fait également considérer
sous l'aspect le plus philosophique toutes les particularités de l'organisation des différentes espèces
d'animaux.

Parle-t-il du singe et de la nombreuse famille

---

(1) La perfection du toucher rend l'homme attentif et
réfléchi ; la supériorité du goût et de l'odorat donne des
appétits véhémens aux carnivores ; la perfection de l'œil
et de l'ouie donne à l'oiseau ce caractère mobile qui
correspond, comme toutes ses autres manières d'être,
à l'élément léger au milieu duquel il vit. Voyez Buffon,
son disc. sur la nature des oiseaux.

(32)

des quadrumanes, il ne se borne pas à l'exposition des caractères qui isolent l'espèce humaine
des premières comme des dernières espèces de cette
grande famille. Il cherche en même-tems à saisir
le rapport de la conformation avec les habitudes,
et indique toutes les dispositions physiques qui
déterminent ces animaux à vivre sur les arbres,
et en forment un genre qui remplit l'intervalle
placé entre les quadrupèdes et les oiseaux.

Sans quitter le grouppe des animaux à mamelles,
Vicq-d'Azir indique plusieurs rapports découverts
ou à découvrir ; il veut qu'on oppose la description des organes de la voix à celle des organes de
l'ouïe, la forme si variée des têtes et du cerveau
à l'intelligence et à tous les degrés de l'instinct qui
leur correspondent : il s'arrête sur-tout au contraste marqué que présentent l'énergie des forces
digestives et la foiblesse des organes de l'appréhension. En effet, la première est toujours en raison
inverse de la seconde ; et la nature conséquente
dans ses actes, donne elle-même des armes à ces
farouches carnivores, qui sans leurs instrumens
de carnage, périroient près de l'aliment, dont se
nourrissent et s'engraissent les victimes de leur
véhément appétit.

Dans l'examen des cétacées, dans celui des
oiseaux, Vicq-d'Azir continue de présenter une
foule de vérités nouvelles et indique toutes les
conséquences

conséquences qu'il est permis d'en déduire pour s'é-
clairer sur quelques-unes des intentions de la nature.

Arrivé au mode de reproduction des oiseaux,
il s'arrête sur tous les phénomènes de l'incubation ;
son éloquente description des merveilles opérées
dans l'œuf, auquel vient d'être imprimé le sceau
de la vitalité, surpasse tout ce qu'on a écrit sur
le même objet. En exquissant à peine le tableau
des quadrupèdes ovipares, des serpens et des poissons, Vicq-d'Azir cherche encore dans leur histoire peu connue, ces grands rapports et ces considérations philosophiques qui sembloient se mul-
tiplier dans l'histoire des quadrupèdes et des oiseaux;
en parlant des serpens il signale et les espèces inno-
centes, et ces espèces dangereuses par un poison
caché, comme celui de l'envie dont il est l'emblême; enfin arrivé aux poissons, Vicq-d'Azir
fait principalement remarquer leur mode d'accou-
plement, ces unions prolongées et froides qui
contrastent si bien avec les jouissances effrénées
des quadrupèdes, les élans et les transports de
l'homme, et la jouissance instantanée *de l'oiseau,*
que frappe d'un coup rapide la commotion de l'amour.
Qui peut méditer sur ces moyens variés, pour
arriver à un même but, sans s'écrier avec Vicq-
d'Azir ? « Qu'elle est féconde cette source, où la

» nature se régénère au milieu des langueurs, des
» transports et des éclairs du plaisir » !

Telle est presque toujours la touche éloquente de Vicq-d'Azir dans ses immortels discours sur l'anatomie. Par-tout ce sont les vastes connoissances de Haller, des corollaires à la manière d'Aristote, et quelquefois des coups de pinceau dignes de Buffon.

Vicq-d'Azir n'a pu achever l'ouvrage immense dont ses discours forment l'introduction; mais il augmenta encore ses titres de gloire et d'immortalité en faisant paroître le deuxième volume du système anatomique, monument à jamais célèbre, et du génie dont la vue embrasse toute la nature, et de l'esprit d'observation qui prépare et rassemble avec patience les matériaux nombreux d'une science nouvelle.

J'ai essayé d'esquisser le plan de la carrière anatomique que Vicq-d'Azir a parcourue.

Je vais maintenant présenter cet homme célèbre sous un nouvel aspect, et le considérer comme médecin.

Vicq-d'Azir considéré comme médecin.

Sous ce deuxième rapport les travaux de Vicq-d'Azir sont moins nombreux, mais également recommandables et justement célèbres.

Les maladies contagieuses qui moissonnent ces animaux utiles que l'homme a conquis et modi-

fiés pour les associer à ses travaux : les épizooties n'avoient pas été suffisamment observées et
décrites. Vicq-d'Azir en a fait le sujet d'un traité
particulier, dans lequel elles sont considérées d'une
manière très-étendue (1).

Quelque tems après il s'occupa d'un sujet non
moins intéressant : et l'Europe savante reçut avec
de nouveaux témoignages d'estime son traité sur
les lieux et les dangers des sépultures (2) ; le som-

---

(1) Les circonstances favorisèrent Vicq-d'Azir dans la
confection de ce nouvel ouvrage. Depuis le commencement
du 18e. siècle, les épizooties plus fréquentes avoient désolé plusieurs contrées de l'Europe ; celles qui ravageoient
le midi de la France engagèrent le ministre Turgot à
demander à l'académie des sciences un physicien et un
médecin distingués, pour aller borner, s'il étoit possible,
les progrès de la contagion. L'académie, qui savoit
combien les connoissances étendues et l'activité de Vicq-
d'Azir le rendoient propre à cet emploi, le nomma pour
les deux commissions. Il ne se borna pas à les remplir avec
distinction en s'opposant au mal d'une manière rapide. Il
rassembla tous les faits dont il fut témoin, il multiplia les
essais et les expériences ; et réunissant aux résultats de ses
propres recherches les observations de ses nombreux cor-
respondans, et les connoissances éparses dans une foule
d'ouvrages, il fit de tous ces matériaux bien disposés et
bien co-ordonnés son excellent traité sur les maladies
contagieuses des bêtes à cornes.

(2) Cet ouvrage a été donné au public comme une
traduction du traité italien de Scipion Piatoli ; cepen-

maire et les résultats de quelques-unes des parties de ces ouvrages suffisent seuls pour inspirer l'intérêt et l'admiration.

Les épizooties presque aussi funestes que nos maladies pestilentielles portent comme elles de profondes atteintes à la prospérité des nations; Vicq-d'Azir expose d'abord la cause de leurs ravages, plus fréquens depuis le dix-huitième siècle; éclaire l'économie rurale par des considérations philosophiques sur l'agriculture (1), et présente le

---

dant Vicq-d'Azir, jusqu'à un certain point, doit être regardé comme l'auteur de cette production qu'il a augmentée et perfectionnée, de manière que le texte italien n'a presque été pour lui que le canevas d'un nouvel ouvrage.

(1) Ces éclaircissemens, ces données que la médecine fournit à l'économie rurale, sont offerts dans des considérations sur les causes des épizooties plus fréquentes depuis près d'un siècle. Vicq-d'Azir croit appercevoir quelques-unes de ces causes dans les dispositions particulières de l'agriculture moderne. On a augmenté les terres labourables aux dépens des pâturages; les prairies artificielles se sont multipliées; alors les bestiaux nourris avec des alimens trop succulens ou trop secs, avec des herbes étrangères au sol où on les a forcés de croître, ou avec différens végétaux susceptibles de plusieurs altérations pendant la dessication, ont dû nécessairement avoir une constitution plus foible et moins capable de réagir contre les causes maladives dont les foyers sont si multipliés dans les campagnes.

parallèle de la peste et des épizooties, qui, comme les maladies de l'homme, sont modifiées par les climats et présentent la physionomie des constitutions. Il considère ensuite les moyens de guérison, offre de lumineux rapprochemens entre la médecine humaine et la médecine vétérinaire: et faisant appercevoir les différences et les analogies, prouve qu'il devroit exister une médecine comme une anatomie comparée (1).

Dans le traité sur les lieux et les dangers des sépultures, Vicq-d'Azir n'a pas moins bien mérité sous le rapport de la science et de la philantropie. Moins sages que les nations anciennes, les peuples modernes plaçoient leur cimetière dans l'intérieur des villes : on avoit même été jusqu'à changer les temples en demeures sépulcrales; et des foyers permanens de la plus active contagion s'étoient multipliés dans les lieux où les hommes se rassemblent en plus grand nombre. Pour

---

(1) Ces différences sont faciles à appercevoir dans les ruminans chez lesquels plusieurs particularités d'organisation donnent lieu à diverses indications. Ainsi la forme et la structure des estomacs contre-indiquent les émétiques; les circonvolutions des intestins rendent l'action des purgatifs fatigante, et celle des lavemens plus commode et plus prompte ; la dureté de la peau, l'étendue des fosses nazales et buccales, etc. sont également des modifications qui déterminent des changemens dans le traitement.

abolir ces usages dangereux, Vicq-d'Azir emploie les autorités les plus respectables, et joint à l'expérience de tous les siècles, de toutes les nations les preuves déduites d'une connoissance approfondie des lois de la nature ; la superstition, le fanatisme, les préjugés résistent en vain ; leurs voix sont étouffées et n'empêchent plus de reconnoître l'impérieuse nécessité de transporter les dépouilles des morts, loin des habitations, loin de ces immenses cités, où les hommes grouppés sur un seul point s'infectent réciproquement et trouvent déjà dans leur concours trop nombreux des causes si puissantes d'insalubrité.

Vicq-d'Azir a donc évidemment concouru aux utiles exhumations qui ont eu lieu dans la suite : et son ouvrage sur les sépultures, comme celui dont les épizooties sont l'objet, le place évidemment parmi ces savans estimables, dont tous les travaux, toutes les conceptions ont une influence directe sur le bonheur des peuples.

Ajoutons qu'en traitant des sujets aussi utiles, Vicq-d'Azir a mérité non-seulement l'estime et la reconnoissance des hommes instruits, mais les regrets et le respect de ces hommes profondément sensibles qui voudroient transformer en autel la tombe des bienfaiteurs de l'humanité.

En considérant comme médecin le savant illustre auquel cet éloge est consacré, je pourrois encore citer plusieurs productions distinguées (1) ; mais oubliant à dessein ces nouveaux droits à la célé-

---

(1) Ces productions de Vicq-d'Azir sont nombreuses ; elles se trouvent dans les Mémoires de la société de médecine , et dans la partie médicale du dictionnaire encyclopédique.

Dans le premier recueil, ces ouvrages sont dans le volume pour 1776.—Des réflexions sur la laryngotomie , pag. 311.—Sur un fœtus monstrueux , pag. 315.—Sur la section du nerf frontal , pag. 316.—Mém. sur les moyens de retirer le stilet de Mejean , dans la fistule lacrymale , pag. 367.—Plusieurs mémoires sur les concrétions animales , an. 1779 et 1780.—Un mémoire sur la taille de Cheselden, etc.

Dans la partie médicale de l'Encyclopédie , les productions médicales de Vicq-d'Azir sont encore plus multipliées ; toutes forment avec les articles de MM. *Halle* , *Thouret* et *Fourcroy* , la partie la plus précieuse de cet ouvrage. Ce sont principalement le Prospectus, les articles Aiguillon , Abus, Académie , Adustion , Anatomie pathologique ; ce dernier peut être regardé comme le traité le plus complet de pathologie organique , etc. Au mot Agissante , Vicq-d'Azir mérite encore de nouveaux éloges pour ceux qu'il donne à Voullonne , pour l'analyse du Mémoire trop peu lu de ce médecin philosophe , et pour les observations intéressantes qui accompagnent cet extrait. Je dois encore ajouter que Vicq-d'Azir est éditeur des œuvres posthumes de Pouteau , qu'il a enrichies de plusieurs notes très-intéressantes. Enfin le plan d'une constitution de médecine présentée à l'assemblée nationale en 1789, est en partie rédigé par Vicq-d'Azir, et il est impossible d'y méconnoître sa touche éloquente et philosophique.   C 4

brité, je m'empresse de fixer vos regards et votre admiration sur Vicq-d'Azir, engagé dans la carrière de l'éloquence, et montrant de quelle manière le génie sait apprécier le génie, écrire son histoire et transmettre à la postérité l'hommage que les contemporains doivent aux mânes des grands hommes.

Vicq-d'Azir dont l'esprit avoit réuni à l'étude des sciences le culte et le goût des lettres et des beaux-arts, devoit se distinguer en se livrant au genre de l'éloge. En effet, ses succès dans cette branche de la littérature égalent ceux qu'il a obtenus comme médecin et comme anatomiste.

Les savans qu'il eut à louer s'étoient exercés sur une foule de sujets divers ; il les suit dans toutes les routes qu'ils ont parcourues, et montre combien les connoissances répandues dans leurs nombreux ouvrages lui sont familières. Médecin éclairé, philosophe sensible en parlant de Fothergill, de Pringle et de Sanches ; naturaliste, physicien et chimiste avec détail dans les éloges de Linnée, de Duhamel et de Schelle ; politique profond dans celui de Vergennes ; poëte et amateur plein de goût sur la tombe de Watelet : Vicq-d'Azir prend tous les tons, toutes les formes, mérite le prix du savoir, la palme de l'éloquence, et semble prouver combien est ingénieux et vrai l'emblême mythologique qui nous montre dans le précepteur des muses le père du demi-dieu qu'on adoroit dans Epidaure.

Tel a été Vicq-d'Azir dans ses éloges : panégyriste et historien, il ne se borne jamais à une louange stérile : à l'histoire des savans il unit celle des sciences, et n'en présente pas moins avec détail tous les événemens particuliers qui peuvent intéresser la gloire des grands hommes auxquels ses éloges sont consacrés.

Sur le sommet glacé des Alpes, Gesner et Haller, qui les ont parcourues pour en connoître les productions, sont accablés de fatigue et de lassitude : Gesner succombe et s'endort d'un sommeil que l'excès du froid peut rendre éternel. Haller tremblant pour une vie qui fait le bonheur de la sienne, se dépouille de ses vêtemens, en couvre son ami, le réchauffe, le ranime et le soustrait à un danger auquel il demeure lui-même exposé sans paroître le craindre.

Avec quelle touchante sensibilité Vicq-d'Azir nous a conservé ce trait de courage et d'amitié! et dans tout l'éloge du même Haller, quel mélange agréable de sentiment, de philosophie et d'érudition ! le cœur, l'esprit jouissent tour-à-tour, et l'on ne parvient à l'admiration que fait éprouver le savant professeur de Gottingue, qu'après s'être livré aux douces émotions qu'inspire le chantre des

Alpes, l'ami fidèle de Gesner, ou l'amant passionné de la sensible Marianne (1).

C'est ainsi que Vicq-d'Azir réunissoit l'agréable à l'utile, et faisoit passer d'une attention toujours pénible quand elle est trop long-tems prolongée, à un attendrissement délicieux. Ajoutons que ses éloges ont une touche particulière et cette physionomie de style qu'il est impossible de méconnoître. On y trouve, comme dans ceux de Fontenelle, de grands apperçus et les considérations les plus philosophiques. Mais en même-tems Vicq-d'Azir est plus éloquent, plus profond, et pénètre dans le sanctuaire des sciences, duquel l'illustre écrivain, dont il est l'émule, n'a présenté que l'extérieur. Ces différences dans la manière de deux hommes également célèbres, sont moins déterminées par celles de leur esprit et de leur génie, que par l'influence du tems où ils ont vécu.

Lorsque Fontenelle a fait ses éloges si justement estimés, le goût de la littérature et des beaux-arts régnoit d'une manière presque exclusive ; et en faisant apprécier les ouvrages des savans qui ont

____

(1) Haller a parcouru la double carrière de la science et de la littérature. Toutes ses poésies qui semblent inspirées par l'amour et l'amitié, sont adressées à un ami, ou à cette Marianne, cette maîtresse, cette épouse si tendrement chérie, sur la mort de laquelle il a fait une élégie qu'on peut regarder comme un modèle de poésie et de sensibilité.

paru à cette époque, il ne pouvoit parler de la science que d'une manière légère et superficielle.

Dans un tems où l'esprit humain avoit changé d'objet et de direction ; lorsque les plus grands écrivains avoient rendu général le goût des sciences physiques, et fait chérir l'étude de la nature par les graces de l'éloquence ; à cette époque Vicq-d'Azir devoit, comme il l'a fait, parler des sciences avec quelque détail, les embellir des charmes de la diction, et présenter le tableau historique de leurs progrès.

Il ne tarda point à jouir des nouveaux droits que ses succès littéraires lui donnoient à la célébrité. Placé par l'opinion publique au nombre des écrivains les plus distingués, il vit l'académie française lui donner le même rang en le nommant à la place de Buffon, qu'elle venoit de perdre (en 1788).

Cette époque fut pour Vicq-d'Azir la plus brillante te la plus heureuse de sa vie. L'honneur qu'il recevoit, le mérite du philosophe de Montbart, le regret de sa perte, une admiration exaltée pour ses immortels ouvrages, tout l'inspiroit et le disposoit aux plus grands effets de l'éloquence ; lorsque venant prendre séance à l'académie, il prononça pour discours de réception, l'éloge de son illustre prédécesseur.

Cet éloge est digne du grand homme auquel il est offert.

(44)

Rival de Moïse, d'Hesiode et de Lucrèce, Buffon osa décrire la formation et les révolutions de l'univers; comme Pope, il fut poëte sublime, moraliste profond; et empruntant à la peinture son coloris et ses pinceaux, il rendit avec toute la magie de l'art des Sneyders, Wowermens et Vanspaen Donck, cette diversité de formes, d'attitudes et de couleurs dont la nature a prodigué d'une manière si féconde les modèles et les nuances.

Vicq-d'Azir a considéré le Pline français sous tous ces rapports, avec une éloquence et une harmonie de style qui rapproche souvent sa manière de la touche admirable de l'écrivain célèbre qu'il avoit l'honneur de remplacer.

Vicq-d'Azir a fait encore plusieurs éloges qui n'ont point été publiés; tels sont ceux de Mertens, de de Haen, de Stoll, et sur-tout de Franklin; «vrai- » ment remarquable par la variété des matières, » l'élévation du style, et les graces répandues sur » plusieurs parties de l'histoire de ce grand » homme (1) ».

J'ai successivement considéré Vicq-d'Azir comme anatomiste, comme médecin et comme littérateur. En parcourant ainsi la triple carrière qu'il a

____

(1) Lalande, éloge de Vicq-d'Azir, décade philosoph. n°. 25, pag. 2. Ces éloges non imprimés paroîtront dans les Mémoires de l'Ecole de Médecine, à laquelle ont été remis tous les manuscrits de la Société royale.

si glorieusement fournie, j'ai presque borné son éloge à l'histoire de ses pensées, et à l'analyse de ses ouvrages. En s'arrêtant sur sa vie privée, nous y trouverions des événemens qui pourroient également intéresser sa gloire ; je rappellerai à peine les plus remarquables, négligeant à dessein cette partie, qu'un des membres de cette illustre assemblée, le citoyen Lalande, a déjà traitée avec autant de philosophie que d'exactitude.

Vicq-d'Azir fut du petit nombre de ces hommes assez heureux pour rassembler et l'éclat de la gloire et les dons de la fortune : il ne vit dans les derniers que les moyens de perfectionner cette science de l'économie animale, dont il a reculé les limites d'une manière si glorieuse. A une collection de livres nombreux et bien choisis, il joignit presqu'avec luxe tous ces instrumens, ces appareils de recherches et d'observations, et tous ces accessoires si nécessaires pour les progrès des connoissances physiques, dans l'avancement desquelles les méditations de l'esprit et les élans du génie ne peuvent suppléer au résultat d'expériences difficiles, et souvent dispendieuses. Entièrement livré aux sciences, et heureux par toutes les jouissances dont une juste célébrité est la source, Vicq-d'Azir n'en sentit pas moins que les titres d'époux et de père pouvoient seuls mettre le comble à sa félicité : et en 1779, il épousa mademoiselle Lenoir, nièce du célèbre Daubenton. Il ne jouit pas long-tems du bonheur de son nouvel état ; et dix-huit mois s'étoient à peine écoulés, lorsqu'il perdit, presque à-la-fois, son épouse et son enfant. Depuis, Vicq-d'Azir se refusa à un second hymen ; mais alors loin de s'isoler et de concentrer son existence, il l'étendit sur les nombreux objets des affections les plus douces : profondément sensible, philantrope par excellence, bon et sincère ami, poussant la reconnoissance jusqu'au culte, et le desir d'obliger jusqu'au zèle le plus actif, Vicq-d'Azir jouissoit tour-à-tour du bonheur qu'il pouvoit faire et des sentimens de gratitude que lui faisoient éprouver les services qu'on pouvoit lui rendre. Avec quelle chaleur, avec quel enthousiasme ne parloit-il pas du célèbre Petit, de Lassone, de Turgot, et du Nestor des naturalistes, de ce vénérable Daubenton, duquel il reçut les premières leçons d'anatomie comparée et d'histoire naturelle !

Parmi les hommes livrés à l'étude des sciences, les uns entièrement recueillis et repliés sur eux-mêmes, quittent à peine leur retraite et ne se font connoître au monde que pour l'étonner et l'enrichir par le produit de leurs méditations et de leurs veilles ; d'autres au contraire se partageant entre le commerce des hommes et leurs travaux scientifiques, laissent appercevoir dans leur composition les différences déterminées par ce genre de vie moins solitaire.

C'est au nombre de ces derniers qu'il faut compter Vicq-d'Azir ; sa profession et plusieurs autres circonstances le forcèrent à entretenir de nombreux rapports avec la société ; il passoit successivement des séances des compagnies savantes, à la cour ; des cercles les plus brillans ; à l'entretien plus doux de ses amis, et près d'un lit de douleur d'où ses connoissances et son éloquence non moins salutaires écartoient le mal et les tourmens de la crainte. En se livrant ainsi avec zèle et sans réserve, il cherchoit sur-tout la société de ces savans, dont quelques heures d'entretien sont souvent préférables à de plus longues études. Tels étoient les hommes célèbres que j'ai déjà nommés ; tels étoient encore MM. Thomas, Mauduit, de Jussieu, Lacépède, Lalande, Charles, Lavoisier, Fourcroy, de Lille, et Watelet. Les heures que les autres hommes consacrent au sommeil, Vicq-d'Azir les employoit au travail pour pouvoir se livrer à toutes les distractions de la société, sans ralentir ses recherches et ses occupations. Leur excès, les effets d'un genre de vie irrégulier et pénible, réunis à ceux d'un virus de nature dartreuse, portèrent les plus profondes atteintes à sa santé, et resserrèrent pour lui les bornes de la vie. La révolution vint augmenter ce fâcheux état, par les chagrins cruels qu'elle lui fit éprouver. Ici l'histoire de Vicq - d'Azir se lie à celle des malheurs qui ont désolé la France; mais je n'en veux pas offrir le lugubre tableau, et faire éprouver d'autres regrets que ceux causés par la perte du grand homme auquel cet éloge est consacré. Ah! laissons ces écrivains avilis, ces transfuges de la philosophie se faire un jeu de notre sensibilité, et prolonger nos douleurs par les plus désolans souvenirs; le citoyen vertueux, comme les disciples de Penn, répand solitairement des larmes sur la tombe des victimes du malheur, prêche ensuite le pardon des injures et l'oubli des vengeances.

Je dirai donc seulement que Vicq-d'Azir trouva dans la révolution des sources nombreuses de douleur et d'inquiétude: parmi les hommes qui eurent le plus à souffrir des premiers événemens qui se succédèrent avec tant de rapidité, se trouvoient plusieurs de ses amis et de ses bienfaiteurs. Il ne fut ni assez froidement égoïste, ni assez cruellement vertueux, pour être insensible à leurs maux, et son ame fut remplie de tous les sentimens pénibles de la pitié, des inquiétudes et des regrets.

Bientôt ces affections morales, dont l'influence sur le physique de l'homme est si prompte et si terrible, les angoisses de la terreur vinrent empoisonner tous les instans de sa vie. Il voulut en vain les combattre; et ses efforts pour les dissi-
muler

muler ajoutèrent à l'intensité de leur action. Chaque jour elles devinrent plus cruelles, et malheureusement plus fondées ; Bailly et Lavoisier n'étoient plus. Ces Tarquins (1) modernes, ces farouches niveleurs en vouloient à toutes les têtes élevées ; comment Vicq-d'Azir n'auroit-il pas craint pour la sienne ?

Aux tourmens si cruels de la crainte, à tous les chagrins qu'éprouvoit l'homme sensible dans ces tems de crime et de malheur, il joignit encore la fatigue de plusieurs travaux. Cette compagnie savante, dont les heureux efforts ont empêché le vandalisme d'anéantir tous les monumens des sciences et des arts, la commission temporaire le compta parmi ses membres les plus zélés et les plus laborieux ; en même tems il étoit

______

(1) Cette dénomination rappellera sans doute l'anecdote arrivée pendant le règne de Tarquin-le-Superbe. Le fils de ce tyran s'étant emparé de Gabie par trahison, envoya un des siens à son père pour savoir la conduite qu'il devoit tenir. Le dernier roi des Romains ne répond point ; mais ayant conduit l'envoyé dans ses jardins, y coupe en sa présence la tête à tous les lys les plus élevés. Le fils de Tarquin entendit cette réponse symbolique, et fit périr tous les Gabiens les plus distingués. — *Tite-Live, liv. I. pag.* 122, *éd. p. le Dauphin.*

Niveleurs, égorgeurs et vandalistes, Tarquin vous a bien plus servi de patron, que ce Brutus avec la vertu duquel contrastent si fortement votre égoïsme et vos crimes !

D

chargé du travail du salpêtre dans sa section , et voyoit plusieurs malades ; sur-tout parmi ces hommes persécutés et proscrits auxquels on ne témoignoit pas impunément les plus légeres émotions de la pitié, et que, malgré ses craintes, Vicq-d'Azir visitoit, secouroit, en employant à-la-fois tous les moyens de son art, et les consolations de l'amitié.

Mais comment résister à des causes si nombreuses d'altération ? la première circonstance orageuse devoit l'accabler ; elle arriva : forcé d'assister à la fête de l'Etre Suprême, il eut beaucoup à souffrir d'une chaleur excessive, et de la fatigue qu'une marche longue et pénible lui fit éprouver. Quelques jours après il fut attaqué d'une fluxion de poitrine ; tous les secours lui furent en vain prodigués ; sa constitution profondément altérée , les affections morales qui compliquoient sa maladie , ces images sinistres de tribunal révolutionnaire, de guillotine , et de bourreaux que lui retraçoit sans cesse son imagination exaltée par la fièvre ; tout se réunit pour le faire succomber ; et le neuvième jour de la maladie , le 20 juin 1794, sonna la dernière heure d'un homme que les plus grands talens et les qualités les plus estimables ont rendu également digne de l'amour de ses contemporains et des souvenirs de la postérité.

NOTES HISTORIQUES

POUR SERVIR A L'ÉLOGE DE VICQ-D'AZIR.

(*a*) Ruisch et Stenon ont disséqué la raye ; Willis, Borrichius et Gouan se sont particulièrement occupés des branchies ; et Duverney a fait de cet organe respiratoire de poissons, une description qu'on peut regarder comme un modèle de tous les travaux anatomiques de ce genre.

(*b*) Les os ont la consistance des cartilages ; et si on leur fait subir les expériences de Hérissant, on trouve qu'ils contiennent moins de base osseuse que ceux des autres animaux.

(*c*) Les têtes articulaires ne sont pas revêtues de ces filets perpendiculaires que Lassone a reconnus dans les cartilages d'encroûtement, mais de lames osseuses et continues à l'os sur lequel elles se replient. On ne trouve pas de glandes sinoviales.

(*d*) La tête est formée d'une seule pièce.

(*e*) Le bassin est au-dessous de l'anus.

(*f*) L'organe de l'ouïe est sur les côtés du crâne, derrière les orbites ; il est formé de conduits demi-circulaires, au milieu desquels se trouvent des osselets qui ont la consistance de l'amidon.

(*g*) Le volume des couches olfactives, et les cellules de la lame cribleuse qui traversent la pulpe de la deuxième paire.

(*h*) Ces analogies consistent sur-tout dans le sens de

l'odorat et dans la disposition des organes de la digestion. Il faut en même-tems observer que ces dernières présentent plusieurs particularités. Dans quelques poissons cartilagineux la force de l'estomac est telle, que de petits animaux parvenus dans sa partie inférieure sont déjà en putrilage, tandis que ceux qui sont dans sa partie supérieure sont à peine ramollis.

(*i*) Vicq-d'Azir ne se borne point à l'exposition de ce rapport. Il considère encore ceux des poissons cartilagineux avec les quadrupèdes ovipares , les serpens , etc. ; mais toutes ces connexions se réduisent à de simples traits de similitude ; et les analogies les plus nombreuses et les plus marquées sont celles qui unissent cette classe à celle des autres poissons.

Dans les anguiliformes la tête est encore formée d'une seule pièce ; les côtes sont nombreuses et décroissent graduellement comme dans les reptiles ; l'estomac est allongé ; l'abdomen se prolonge au-delà de l'anus ; des rubans plissés et étendus de l'anus au foie sont les organes de la génération et ne s'apperçoivent que dans la saison des amours.

(*l*) On s'étoit occupé de l'anatomie des oiseaux ; Belon en avoit décrit le squelette, mais d'une manière incomplète et isolée. Dans les mémoires pour servir à l'histoire des animaux , les viscères de plusieurs espèces ont été décrits : *Poupart* a donné l'anatomie des plumes ; *Conrard*, *Peyer*, *Stenon*, *Thomas* et *Gaspard Bartholin*, *Borelli*, *Olaus*, *Borrichius* , s'étoient également occupés de l'anatomie des oiseaux. Vicq-d'Azir s'instruisit du résultat de leurs travaux, et chercha ensuite de nouveaux sujets d'observation.

(*m*) Cet examen est par Région, selon la méthode d'Albinus.

(n) Parmi les dispositions particulières relatives au vol, il faut sur-tout distinguer la position du centre de gravité entre l'articulation des ailes; la crête en forme de quille qui s'élève du sternum, l'étendue des omoplates, les clavicules plus droites et plus rapprochées, l'os de la fourchette qui ne se trouve que dans les oiseaux, et qui, dans l'autruche, se confond avec la poitrine. Il faut également regarder comme tels, le volume et la force du grand pectoral, le moyen du même nom qui paroit remplir un usage analogue à celui du deltoïde, dont la masse eût nui à l'exécution du vol. Enfin, les muscles qui expliquent les membranes de l'aile, et d'autres muscles qui vont à l'humérus, au lieu de se fixer à l'omoplate, comme dans l'homme, sont encore des différences que l'oiseau ne présente que pour voler avec plus de facilité.

(o) Dans l'espèce humaine, une main remplace le pied antérieur des quadrupèdes; c'est par cette conformation que l'homme seul est susceptible d'une station parfaite, parce que lui seul a une substance divine, si la sagesse et l'intelligence sont les attributs de la divinité. L'homme ne réuniroit point toutes les qualités de l'esprit, s'il touchoit la terre par une très-grande surface; et la nature, si harmonieuse dans toutes ses productions, lui a donné des membres inférieurs pour porter son corps, et des membres supérieurs pour disposer des objets qui l'entourent, et les mettre à sa portée. La main sur-tout détache l'homme des autres espèces; et si l'homme surpasse les autres animaux en prudence et en esprit, c'est que la nature lui a donné l'organe de la main, vous dit Anaxagore. *Extrait d'Aristote, traité des parties.*

(p) Ces dispositions particulières sont principalement la fixité de l'os des ailes, et la mobilité de l'omoplate; le muscles qui agissent sur cette dernière , la saillie et la force des extenseurs du pied , etc. Quant aux analogies , elles sont nombreuses ; et les os, les muscles, les vaisseaux et les nerfs des extrémités présentent des dispositions semblables que Vicq-d'Azir met successivement en parallèle chez l'homme et chez plusieurs familles de mammifères.

(*p bis*) Telles sont principalement les douleurs qui vont jusqu'à l'épaule lors de la formation d'un dépôt dans la glande parotide, qui reçoit des rameaux de la troisième paire. Tels sont encore le rire sardonique lors d'une laborieuse dentition, et la toux que détermine une inflammation de l'oreille, etc.

(*q*) Ces dispositions particulières sont à la partie extérieure des plumes disposées pour remplacer l'oreille externe des mammifères, et dans l'intérieur la caisse du tympan amplifiée par les cellules communiquantes du crâne et les conduits demi-circulaires plus grands, relativement au volume de l'organe. Ainsi, quoique l'appareil auditif de l'oiseau soit dépourvu de la conque et du limaçon, quoiqu'il ne contienne qu'un seul osselet, il est évidemment aussi complet que celui des mammifères.

(*r*) Elle est produite par une poche osseuse dans laquelle l'air se modifie en sortant de la glotte.

(*s*) Des sacs membraneux qui communiquent avec le larynx sont les dispositions qui produisent cet effet.

(*t*) Ces quadrupèdes sont principalement les chats, le bœuf et l'âne ; les premiers ont une membrane flottante dans le larynx ; le bœuf a le larynx très-évasé ; l'âne a une cavité pratiquée dans le cartilage tyroïde.

(*u*) Cette complication consiste dans l'étendue et les contours de la trachée, qui, dans quelques espèces, va même jusqu'à pénétrer dans le sternum.

(*v*) Parmi ces dispositions, une des principales n'a pas été connue de Vicq-d'Azir : c'est le larynx inférieur qui particularise tous les oiseaux, et fait que chez eux la trachée n'est plus, comme dans les autres espèces, bornée au simple emploi du porte-vent dans l'orgue. Le citoyen *Cuvier* a fait de ce premier larynx inférieur des oiseaux, le sujet d'un excellent mémoire qu'on peut regarder comme le complément du travail de Vicq-d'Azir. Mag. Enc. première année, n°. VII. pag. 329.

(*x*) Il donna en 1780 plusieurs observations très-curieuses sur l'anatomie des singes.

(*y*) En 1781 et en 1783.

(*z*) Parmi les connoissances nombreuses que renferment les Mémoires de Vicq-d'Azir, sur le cerveau, il faut surtout distinguer celles qui sont relatives à la structure de la dure-mère, à la disposition des veines du cerveau, et aux productions qui semblent établir des communications entre toutes les parties de ce viscère.

1°. Relativement à la structure de la dure-mère.

La dure-mère est formée de lames que n'isole pas le scalpel le plus exercé, mais qu'on apperçoit séparées à la suite d'une inflammation terminée par la formation de pus qui se place entre les lames de la dure-mère.

2°. Relativement à la disposition des veines du cerveau.

Les veines du cerveau, comme tous les vaisseaux de cet organe, sont très-nombreuses, et l'appareil qu'elles forment se trouve augmenté par les différens sinus qui se trouvent placés dans les intervalles, où ils peuvent se dilater sans comprimer les parties environnantes ; en même-tems les veines se portent dans une direction opposée à celle de la circulation ; le sang qui les remplit est len-

tement charié, et subit sans doute des élaborations particulières pendant son lent trajet.

3°. Relativement au moyen d'union entre les différentes
parties du cerveau.

Vicq-d'Azir les divise en moyen d'union entre les hé-
misphères, et en moyen d'union entre les parties de chaque
hémisphère.

Les premiers sont les corps calleux, les tubercules quadre-
jumeaux, les commissures antérieures et postérieures, l'a-
dossement des jambes du cerveau, la protubérance annul-
laire, et la commissure molle des couches optiques.

Les moyens de la deuxième classe sont le tœnia semicir-
cularis, les piliers de la voûte et les pédoncules de la glande
pinéale.